L'ART DE SE TAIRE

Petite collection Atopia
dirigée par Claude Louis-Combet

Abbé Dinouart

L'ART DE SE TAIRE

1771

texte présenté
par
Jean-Jacques COURTINE
et Claudine HAROCHE

JÉRÔME MILLON

Cette édition de *L'Art de se taire* reprend partiellement le texte paru chez Deprez en 1771, et dans la collection Atopia en 1987.

5ᵉ édition (1ᵉʳᵉ édition, 1996)

© Éditions Jérôme Millon — 2006
Marie-Claude Carrara et Jérôme Millon
3 place Vaucanson
F — 38000 Grenoble

www.millon.com

ISBN : 2-84137-038-0

Catalogue disponible sur demande

PRÉSENTATION

Jean-Jacques COURTINE
et Claudine HAROCHE

Les paradoxes du silence

Au Père B. Lamy qui lui remettait son *Art de parler*, le Cardinal Le Camus aurait posé, en guise de remerciement, la question suivante : « Voilà sans doute un excellent art, mais qui nous donnera *l'Art de se taire ?* »

C'est là l'origine de l'idée qui conduisit l'Abbé Dinouart à publier en 1771 son *Art de se taire, principalement en matière de religion**, s'il faut

---

en croire l'un de ses biographes. Mais l'Abbé
Dinouart se propose-t-il d'écrire un traité du
silence qui serait un art de ne rien dire, de ne
rien faire ? Entend-il conclure, avec *L'Art de se
taire,* la longue série des arts de parler qui jalon-
nent la rhétorique de l'âge classique ? Ou bien
mettre un point final à l'idée même de rhétorique ? Nullement. *L'Art de se taire* est en effet un
Art de parler, un autre chapitre de la rhétorique.

Du fait, tout d'abord, de la position paradoxale de celui qui l'énonce, contraint pour
édicter ses règles, de les enfreindre, car il n'y a
pas de dehors au langage, ni d'envers à la rhétorique. Il ne faut pas non plus s'attendre à
trouver chez Dinouart l'énoncé d'une mys-

---

rapporte ainsi que l'Abbé Sabatier de Castres dit de ses traduc-
tions qu'elles « sont les moins mauvais de ses ouvrages parce
que le fond ne lui en appartient pas » (« Un prêtre amiénois
féministe au XVIIIᵉ siècle : l'Abbé Dinouart (1716-1786) auteur
du *Triomphe du sexe* » in *Bulletin de la Société des Antiquaires de
Picardie,* vol. 39, 1942, p. 262).

Plus que comme auteur, ses biographes insistent sur le fait
qu'il faut le considérer, ce qui n'a semble-t-il rien d'exception-
nel à l'époque, comme éditeur, plus grave même, comme pla-
giaire, ce qui lui vaudra d'ailleurs à propos de l'*Art de se taire* le
surnom d'« Alexandre des plagiaires ». (Pour plus de précisions
bibliographiques, on renverra à l'Abbé Daire, *Histoire littéraire
de la ville d'Amiens*, Paris, 1782, p. 347-359).

tique, la revendication d'un monde cloîtré dans le silence, ou une tentative d'articuler l'ineffable en une langue fondamentale. Dinouart n'est pas un contemplatif, mais un homme engagé dans le monde et un polémiste. *L'Art de se taire* n'est un traité ni du recueillement, ni de l'extase : il ne vise pas à faire silence devant Dieu, pas plus qu'il ne tente d'énoncer en une langue mystique le silence premier où Dieu et l'homme étaient confondus. Des arts rhétoriques, il n'a perdu aucune des finalités pratiques : ce n'est pas un art de faire silence, mais bien plus *un art de faire quelque chose à l'autre par le silence.*

> *Un signe, un souris qui vous échappera, peut rendre encore plus criminels ceux qui s'échappent, parce qu'ils croient vous divertir et vous plaire. Que votre visage parle alors pour votre langue. Le sage a un silence expressif, qui devient une leçon pour les imprudents, et un châtiment pour les coupables.*[1]

---

1. Abbé Dinouart, *L'Art de se taire*, Paris, Desprez, 1771, p. 52 ; Jérôme Millon, collection « Atopia », 1987, p. 105 (désormais J.M.)

Le visage parle pour la langue et il ne suffit
pas, pour se taire, de fermer la bouche. Car « il
n'y aurait en cela nulle différence entre
l'homme et les animaux »[2]. Le silence de
l'homme *doit signifier*; *L'Art de se taire* est bien
un paradoxal art de parler, il invite à « gouverner » ou « retenir sa langue », à ne lui accorder
qu'une « liberté modérée » pour mieux inciter à
la *tacita significatio* de l'éloquence muette, celle
du corps et du visage. Son ouvrage s'inscrit
dans la tradition d'une rhétorique du corps :
L'Art de se taire est *un art et une discipline du
corps,* une contribution à cette partie fondamentale de la rhétorique, si importante à l'âge classique, puis négligée : *l'action oratoire.*

Et c'est l'intérêt du traité de Dinouart de
rappeler, après bien d'autres, que le silence est
une composante fondamentale de l'éloquence.
Qu'on ne saurait comprendre l'effet d'un discours à partir de la seule invention verbale qu'il
sait déployer, comme on ne saurait restreindre la
rhétorique à une taxinomie des tours et des
figures. Et que, pour peu qu'on accepte de se

—————————

2. *Ibid.*, p. 3 (J.M., p. 62) ; *cf. infra*, p. 38.

détourner du « torrent » et de « l'abus » des mots, on voit alors le corps de l'orateur se mettre silencieusement à parler. L'action en effet, en matière d'éloquence, « se dit de tout l'extérieur de l'orateur, de sa contenance, de sa voix, de son geste, qu'il doit assortir au sujet qu'il traite : "L'action, dit Cicéron, est pour ainsi dire *l'éloquence du corps :* elle a deux parties, la voix et le geste. L'une frappe l'oreille, l'autre les yeux ; deux sens, dit Quintillien par lesquels nous faisons passer nos sentiments et nos passions dans l'âme des auditeurs" »[3]. L'action est un art du corps et un art de la voix. Dans *L'Art de se taire,* Dinouart abandonne la *pronunciatio* et restreint la rhétorique du corps au geste et à l'expression, qu'il réduit encore à un *art du peu,* celui du corps immobile, du geste mesuré, de l'expression retenue. De ce point de vue, *L'Art de se taire* est indissociable d'un autre traité de l'Abbé Dinouart, paru en 1754 : *L'Eloquence du corps dans le ministère de la Chaire ou l'action du prédicateur.* Ce dernier annonçait *L'Art de se taire :* « Un homme plein d'un grand sentiment

---

3. Encyclopédie de d'Alembert, article « Action ».

demeure un moment immobile. Cet espèce de saisissement tient en suspens l'âme de tous les auditeurs »[4].

De *L'Art de se taire* donc on trouvera tous les éléments de ce qui fait le fond de l'ouvrage : le rappel de *la dimension du silence dans l'éloquence du corps* d'une part ; les exigences d'une *éthique du silence dans la parole et dans l'écriture* d'autre part.

Pratiques du silence : plagiat, censure, civilité

Il y aurait, nous dit Dinouart, une épidémie de parler et d'écrire.

> *La fureur de parler, d'écrire sur la religion, sur le gouvernement est comme une maladie épidémique dont un grand nombre de têtes sont frappées parmi nous. Les ignorants comme les philosophes du jour, sont tombés dans une sorte de délire.*[5]

---

4. Abbé Dinouart, *L'Eloquence du corps ou l'action du prédicateur*, Paris, chez G. Desprez, 1761, 2ᵉ édition, p. 237.

5. Dinouart, *L'Art de se taire*, p. 4 (J.M., p. 57-58) ; *cf. infra.* p. 33-34.

Les malades sont nombreux, diagnostique l'Abbé, «qui se perdent par la langue ou par la plume». Le ton alors est violemment polémique. Dinouart a ses cibles : les «nouveaux philosophes», ou «philosophes du jour», qui s'adonnent à l'abus des mots. Et Dinouart s'en prend aux rationalismes de tout genre, à la dialectique, au matérialisme et à toutes les pensées qui placent la raison au dessus de la révélation, de la foi ou de la tradition. La raison s'autorise à parler et à expliquer là où l'esprit devrait demeurer silencieux face au mystère de la foi. Et au delà du philosophe, il condamne l'incrédule et l'hypocrite, le libertin et l'esprit corrompu, l'hérétique et le blasphémateur. Il s'emporte contre l'excès des paroles et surtout la diffusion du livre, contre le «poison» des livres, et contre l'écrivain comme «empoisonneur public», qui corrompt l'Etat, les mœurs et la religion.

> *On regarda toujours comme un mal sans remède la circulation d'un ouvrage anti-chrétien, qui, passant de main en main avec une rapidité surprenante, répand les ténèbres partout où il s'arrête.* [6]

---

6. *Ibid.*, p. 279 (J.M., p. 173-174).

L'Art de se taire participe ainsi de la réponse
au développement des forces politiques et des
courants philosophiques qui, en cette seconde
moitié du XVIIIe siècle, contestent l'autorité de
l'Eglise, alors que la vie sociale et l'investigation
scientifique échappent peu à peu à l'inféodation
religieuse et que la montée des lumières et de
l'individualisme desserrent l'emprise des cadres
traditionnels. C'est un acte politique que la
publication en 1771 de *L'Art de se taire,* un rappel à l'ordre, au sens le plus fort du terme.

Il faut défendre l'Eglise et réduire au silence
ceux qui l'attaquent. C'est alors que le texte se
fait le témoin d'une nostalgie ; il est habité du
souvenir d'une *puissance perdue de faire-taire.*
« Comment fermer la bouche aux hypocrites ? »[7]
s'interroge la voix anonyme qui parle à travers
Dinouart. Et le texte rêve alors d'une « réforme
générale des écrivains », qui « commencerait
par une recherche exacte et sévère, à peu près
comme on en use quand il s'agit d'exterminer
d'un pays les empoisonneurs »[8]. Nostalgie tar-

---

7. *Ibid.,* p. 127.

8. *Ibid.,* p. 145 (J.M., p. 120) ; *cf. infra,* p. 50.

dive, défensive et déplacée du grand silence de l'Inquisition : *L'Art de se taire* voue alors les philosophes bavards au « glaive de la justice », au « feu vengeur », aux « larmes de la pénitence » et au « silence éternel »[9].

> *L'Eglise est, à la vérité, une mère tendre et compatissante qui ne demande pas la mort du pécheur : elle désire avec ardeur qu'il vive et qu'il se convertisse ; c'est l'objet de ses larmes et de ses prières ; mais sa tendresse a des bornes.*[10]

Il lui faudra cependant envisager de plus doux remèdes, car le temps n'est plus des silences de fer et de feu.

> *On prenait autrefois une voix fort courte, pour faire taire ceux qui détournaient les fidèles du culte établi pour honorer le vrai Dieu. On lapidait les impies, suivant l'ordre de la loi ancienne... Ces moyens sont certainement vigoureux, mais en voici de plus doux et de plus conformes à l'esprit de la religion.*[11]

---

9. *Ibid.*, p. 128.

10. *Ibid.*, p. 247-248 (J.M., p. 153) ; *cf. infra*, p. 84.

11. *Ibid.*, p. 128.

Il faudra dorénavant penser à Dieu en silence, méditer, réfléchir, parler peu. Faire du silence une discipline, plutôt qu'un *commandement,* un impératif moral plutôt qu'un acte de foi. Et redevenir ainsi « chrétien et sujet ».

> *Je souhaite que le présent ouvrage soit utile dans ce temps où le silence est devenu indispensable, comme étant, pour beaucoup de personnes, un moyen sûr de conserver le respect pour la religion et de procurer à l'Etat des citoyens fidèles, discrets et vertueux.*[12]

On peut lire ainsi dans l'*Art de se taire,* dans la mesure où le traité condense ou récapitule un ensemble de problématisations du silence au long de l'âge classique, un déplacement de la question du silence de la foi aux mœurs. L'ouvrage reflète ainsi à sa manière la rupture entre religion et morale qui s'est progressivement produite aux XVIIᵉ et XVIIIᵉ siècles[13]. La religion cesse alors d'envelopper les conduites publiques et privées, de leur donner un sens

---

12. *Ibid.*, p. 8 de la préface (J.M., p. 59) ; *cf. infra*, p. 35.

13. Sur ce point, voir Michel de Certeau, *L'écriture de l'histoire,* p. 153-212.

alors que l'on voit « se rompre l'alliance institu-
tionnelle entre le *langage* chrétien énonçant la
tradition d'une vérité révélée et les *pratiques*
proportionnées à un ordre du monde »[14].

> *Au système qui faisait des croyances le cadre*
> *de référence des pratiques, s'est substituée une*
> *éthique sociale formulant un « ordre » des pra-*
> *tiques sociales et relativisant les croyances reli-*
> *gieuses comme un objet à utiliser.*[15]

Au silence éperdu ou tremblant face à Dieu,
se substitue progressivement un art de se taire,
de « retenir sa langue » en bon chrétien et en
sujet vertueux, à mesure que les pratiques
civiles se détachent des comportements religieux. Les élans de la foi muette font place à un
enseignement des « vertus », dont les Jésuites
furent les artisans en se plaçant délibérément
dans le champ des pratiques civiles et en y intro-
duisant « civilité », « honnêteté », et « devoir
d'état »... Le thème religieux du silence, au service de la raison d'Etat, fonde alors une pédago-

---

14.   *L'Art de se taire*, p. 155.

15.   *Ibid.*, p. 154.

gie de la retenue, une discipline de la réserve,
un art de la réticence.

> *Le premier degré de la sagesse est de savoir se
> taire ; le second est de savoir parler peu et se
> modérer dans le discours ; le troisième est de
> savoir beaucoup parler, sans parler mal et sans
> trop parler.*[16]

Silences du langage,
langages du visage

La première partie de l'ouvrage, qui traite des
rapports de l'art de se taire à la parole, introduit
la question du silence dans l'ordre des principes,
des espèces et des causes. C'est-à-dire tout
d'abord dans l'ordre des pratiques, des préceptes
qui règlent les rapports du silence à la parole
«dans la conduite ordinaire de la vie». A cette
liste des usages, succède l'inscription dans le
domaine du *langage* et de *l'expression* d'une
classification des espèces de silence. Dinouart
établit alors une typologie des manières de se

---

16. *Ibid.*, p. 4 (J.M., p. 63) ; *cf. infra*, p. 39.

taire qui est une sémiotique du silence — où sont recensés les signes distinctifs des différentes espèces — aussi bien qu'une pragmatique — où sont analysés les effets sur autrui de l'art de se taire. A cette sémiologie vient correspondre enfin une typologie d'ordre psychologique, qui interprète les distinctions sémiologiques établies dans une théorie des tempéraments et des passions[17]. Il restera alors à Dinouart à particulariser ces préceptes généraux en les appliquant aux attitudes à l'égard de la religion et aux devoirs liés aux « états » spécifiques à un ensemble de catégories et de conditions sociales (les jeunes et les personnes âgées, les grands et le peuple, les savants et les ignorants...).

« On ne doit cesser de se taire que quand on a quelque chose à dire qui vaut mieux que le silence ». Dans l'ordre des usages, le traité pose à la fois la prééminence et l'antériorité du silence sur la parole : « Le temps de se taire doit être le premier dans l'ordre, et on ne sait jamais bien parler qu'on ait appris auparavant à se

---

17.   Voir ci-après, les chapitres 1, 2 et 3 de la première partie.

taire »[18]. Cette primauté accordée ici à une pédagogie du silence sur un enseignement de la parole retrouve l'importance reconnue à la prudence dans l'énoncé de la sagesse populaire et au silence comme signe distinctif d'une conduite inspirée par la prudence. Si le «silence est d'or», c'est que la mémoire des usages populaires se défie de la parole, et qu'elle lui préfère l'immobilité d'un mutisme qui n'engage à rien. «Il est certain qu'à prendre les choses en général on risque moins à se taire qu'à parler». Si le silence est d'or, c'est surtout parce qu'il coûte moins.

La supériorité du silence sur la parole dans la conduite ordinaire de la vie se fonde ainsi sur un idéal de conservation de soi qui tire ses ressources de l'immobilité et qui voit dans la parole un risque. Si le traité prend grand soin de séparer silence et parole, de marquer leur insubstituabilité, et d'inverser cette hiérarchie des valeurs qui accorde tant de prestige au verbe, c'est parce qu'il y a dans la parole le danger d'une *dépossession de soi* :

18.   *Ibid.*, p. 5 (J.M., p. 65) ; *cf. infra*, p. 39.

> *Jamais l'homme ne se possède plus que dans*
> *le silence: hors de là, il semble se répandre, pour*
> *ainsi dire, hors de lui-même et se dissiper par le*
> *discours; de sorte qu'il est moins à soi qu'aux*
> *autres.*[19]

L'homme se perd dans la parole. Elle est ce qui échappe, flot, écoulement, blessure ouverte; épanchement où le corps se vide et se répand, se dissipe à l'extérieur de lui-même. Dans l'*Art de se taire* se lit la crainte d'une perte de substance corporelle, si jamais la langue se délie. Les aléas de la parole, c'est le risque de ne plus s'appartenir, de se trouver départi de l'*empire sur soi* où l'homme de l'âge classique tient ses passions en laisse. Ces développements du traité de Dinouart sur les menaces de la parole se font l'écho, repris de la *Conduite pour se taire...* de Morvan de Bellegarde, d'une préoccupation qui habite les manuels de civilité, traités de bienséance et de politesse mondaine du XVIIᵉ siècle: la parole et plus généralement l'expression — celle du corps et du visage — y sont conçus comme le

---

19. *Ibid.*, p. 5-6 (J.M., p. 65): *cf. infra*, p. 40.

lieu des passions que la raison et la volonté doivent brider et soumettre.

« Il n'y a point de plus grande seigneurie que celle de soi-même, de ses passions »[20], écrit ainsi Baltasar Gracian dans son *Homme de Cour*. Et il ajoute à propos de la langue qu'elle est une « rebelle passionnée et indépendante », « une bête sauvage qu'il est très difficile de remettre à la chaîne, quand une fois elle est échappée... »[21].

Mais l'*Art de se taire* fait plus que proposer une discipline du langage, un autre art de parler qui viendrait dans le champ de la parole mettre en pratique l'idéal psychologique de maîtrise des passions gouvernées, répondant au modèle cartésien du *Traité des Passions*. S'il convient de faire du silence un art et une vertu, c'est pour faire taire le langage ; car en ce *lieu d'excès* où le sujet peut cesser de s'appartenir, il court le péril d'être plus aux autres qu'à soi. Le silence possède ainsi des vertus défensives qu'il faudra cultiver. Vertus minimales sans doute, proches du rien, mais qui cependant peuvent tenir lieu de

---

20.   B. Gracian, *L'Homme de cour*, Paris, Editions Champ Libre, 1980, p. 5.

21.   *Ibid.*, p. 135.

sagesse à un homme borné, ou de capacité à un ignorant : ne rien dire, c'est dire qu'on sait, ou qu'on comprend peut-être. *L'Art de se taire* est ici un art de la *présomption* : se taire, c'est être supposé savoir. Pas d'excès à craindre dans le silence — au contraire de la parole — car le rien est moins affecté par la catégorie du trop. Mieux vaut donc « passer pour ne point être un génie de premier ordre, en demeurant souvent dans le silence, que pour un fou, en s'abandonnant à la démangeaison de trop parler »[22].

L'impératif de silence répond ainsi à la fois à un idéal psychologique dominé par la maîtrise de soi et à un modèle de conduite sociale gouverné par la prudence. Il s'incarne au XVIIᵉ siècle dans le personnage du *Courtisan* célébré notamment par Gracian, à qui le silence offre de multiples ressources : éviter l'excès et suivre ainsi la voie, peu glorieuse sans doute, mais plus sûre, du juste milieu, de l'*aurea mediocritas* ; faire du silence un espace de maîtrise et de calcul qui met à l'abri de l'autre ; jouer enfin de *l'Art*

---

22. Dinouart, *L'Art de se taire*, p. 7 (J.M., p. 66) ; *cf. infra*, p. 41.

de se taire pour saisir autrui, s'en emparer et le dominer.

> *De profonds politiques prétendent que décou-*
> *vrir toute la capacité d'un homme et être en état*
> *de le gouverner, c'est à peu près la même chose.*
> *Mais j'estime qu'il est encore plus vrai qu'il n'y*
> *a point de différence entre laisser apercevoir sa*
> *passion et prêter des armes pour qu'on se rende*
> *maître de nous.* [23]

Cette *politique du silence* comme ruse et comme tactique n'est pas celle suivie par le traité de Dinouart, qui en appelle à une *éthique du silence* animée par un idéal de sincérité, plus proche ici des moralistes du XVIIᵉ siècle, tels La Bruyère ou La Rochefoucauld.

> *Le silence est nécessaire en beaucoup d'occa-*
> *sions ; mais il faut toujours être sincère ; on peut*
> *retenir quelques pensées, mais on ne doit en*
> *déguiser aucune ; il y a des façons de se taire,*
> *sans fermer son cœur ; d'être discret, sans être*
> *sombre et taciturne ; de cacher quelques vérités,*
> *sans les couvrir de mensonges.* [24]

---

23. B. Gracian, *Le Héros,* Paris, Editions Champ Libre, 1980, p. 15.

24. *L'Art de se taire*, p. 8 (J.M., p. 67) ; *cf. infra*, p. 42.

Il faut ainsi faire taire le langage. Mais il faut à l'inverse *faire parler le silence*. Le faire parler, c'est d'abord en reconnaître les différentes espèces aux signes qui les distinguent. Comme dans une histoire naturelle du silence, qui serait en fait celle des occasions, des circonstances et des conduites où le silence s'impose dans la vie sociale. C'est dire aussi le mode et le lieu de son énonciation :

> *C'est un silence spirituel quand on aperçoit sur le visage d'une personne qui ne dit rien, un certain air ouvert, agréable, animé et propre à faire comprendre, sans le secours de la parole, les sentiments qu'on veut laisser connaître.*[25]

Le silence parle le langage du visage. L'Art de se taire est un art du visage. Il participe à l'action rhétorique, cet art de l'éloquence muette qui est un art du corps parlant.

> *Le visage est ce que l'auditeur observe le plus dans l'action. Toutes les passions y jouent leur rôle ; il est de tout pays et de toute langue. Les plus ignorants y savent lire : ils y reconnaissent*

---

25. *Ibid.*, p. 10 (J.M., p. 70) ; *infra*, p. 43.

*la dévotion, la dissipation, la joie, la tristesse, la
colère, la compassion. Il doit s'ajuster au sujet, et
faire sentir ou deviner les mouvements de l'âme.
Il parle quelquefois plus efficacement que le discours le plus éloquent ; il prévient en faveur ou
contre l'orateur, selon la première impression que
l'auteur en reçoit.*[26]

Il faut ainsi reconnaître dans le visage un
langage du silence. Il parle la langue univer-
selle des passions, qui devance la parole elle-
même, car elle est plus immédiate et plus
efficace. Il s'offre dans une lisibilité première,
d'avant les codes et les savoirs. Peut-être même
ce langage du corps livre-t-il l'état premier de
la langue, sa condition de possibilité, l'origine
de toute rhétorique. Peut-être donne-t-il accès
à une dimension symbolique d'avant les mots,
à une sémiotique du silence que la parole ne
viendrait plus troubler.

Dinouart dénombre alors les formes du
silence tactique : il s'agit alors, comme chez
Gracian, d'une pragmatique de la physionomie
qui déploie les stratagèmes silencieux de la sai-

---

26. Dinouart, *L'éloquence du corps*, p. 224.

sie et de la manipulation de l'autre. Il y a le silence « artificieux », silence trompeur de la dissimulation « quand on ne se tait que pour surprendre »[27] ; le silence « complaisant » de la flatterie, rouage essentiel de l'art du courtisan, silence en miroir ; le silence « moqueur », jouissance secrète de l'autre ; le silence de « mépris », usage tactique de la réserve et de l'attente ; le silence de la froideur impassible, quand se taire c'est faire parler l'autre, l'amener à se déclarer, à faire le premier mouvement. Dissimuler, contraindre le visage au silence de l'impassibilité ou bien aux artifices du trompe-l'œil c'est alors, comme pour Machiavel ou pour Gracian, gouverner.

La tradition où s'inscrit le traité de Dinouart se démarque cependant en partie du jeu cynique

---

27. Dinouart, *L'Art de se taire*, p. 9. (J.M., p. 69) ; *cf. infra*, p. 44. De même dans *L'homme de cour*, les « stratagèmes de l'intention » : « L'homme adroit emploie pour armes les stratagèmes de l'intention. Il ne fait jamais ce qu'il montre avoir envie de faire ; il mire un but, mais c'est pour tromper les yeux qui le regardent. Il jette une parole en l'air, et puis il fait une chose à quoi personne ne pensait. S'il dit un mot, c'est pour amuser l'attention de ses rivaux, et dès qu'elle est occupée à ce qu'ils pensent, il exécute aussitôt ce qu'ils ne pensaient pas » (p. 7-8).

des masques et des miroirs. A cette politique du
silence qui fait du visage un instrument à dominer l'autre sans en être soi-même dominé,
Dinouart oppose une éthique fondée sur la prudence, l'occasion et un rapport en demi-teinte à
la vérité. L'éloquence sacrée que célébrait
Dinouart dans *l'Eloquence du corps* s'est transfor-
mée et diluée dans des comportements ordinaires d'attente, de réserve, de retenue, de
réticence. Rhétorique profane et civile d'un
corps réduit au seul visage, elle sacrifie la *nobili-
tas* — le silence du port majestueux qui impose
à l'autre le silence et le respect — à la *varietas,*
c'est-à-dire à une science des occasions, un art
des circonstances guidé par l'habileté et la prudence. L'homme silencieux de Dinouart est,
comme le courtisan de Gracian, un « ingénieur
de l'occasion »[28]. Son silence est « prudent,
quand on doit se taire à propos, selon le temps et
les lieux où l'on se trouve dans le monde »[29]. Et

---

28. Voir W. Jankelevitch, *Le je-ne-sais-quoi et le presque-
rien*, tome I : « La manière et l'occasion », Paris, Le Seuil, 1980.

29. Dinouart, *L'Art de se taire*, p. 9 (J.M., p. 69) ; *cf. infra*,
p. 42.

c'est là la politique propre à *l'Art de se taire*, différente en cela de celle de Machiavel ou de Gracian : elle est moins un art de gouverner l'autre
qu'une manière de résister à son emprise ; elle est
plus un usage passif de la circonstance, qu'un
usage offensif de l'occasion. Art défensif de la
circonspection, de l'attente ; de celui qui tempo-
rise, qui ne s'engage ni ne se dévoile. Art du
milieu où la vérité ne se dit vraiment, ni ne se
cache totalement.

> *Le silence politique est celui d'un homme*
> *prudent, qui se ménage, se conduit avec circons-*
> *pection, qui ne s'ouvre point toujours, qui ne dit*
> *pas tout ce qu'il pense, qui n'explique pas tou-*
> *jours sa conduite et ses desseins ; qui sans trahir*
> *les droits de la vérité, ne répond pas toujours*
> *clairement, pour ne point se laisser découvrir.*[30]

Il faut voir sans doute, dans cet *art neutre du
mi-dire* les sources religieuses et morales de
composantes essentielles des attitudes juri-
diques et politiques bourgeoises : l'obligation
juridique de réserve faite aux serviteurs de

---

30. *Ibid.*, p. 12 (J.M., p. 71) ; *cf. infra*, p. 44-45.

l'Etat ; l'injonction au silence, l'absence d'opi-
nion ou la neutralité politique de tous ceux
pour qui la politique doit être tue.

Une éthique du silence

Il y a ainsi, dans la tradition dans laquelle
s'inscrit Dinouart, certains éléments d'une
éthique du silence. Ce dernier y figure moins
comme *calcul* visant à une emprise sur l'autre
que comme *mesure* destinée à assurer un
empire sur soi.

La seconde partie de l'ouvrage, qui traite du
rapport du silence à l'écriture, le confirme. Elle
redit, à propos de l'écrit, ce qu'elle avançait au
sujet de la parole ; là encore, il s'agit de respecter le Prince et la religion, et de combattre
l'excès : l'excès de livres, les excès des livres (la
répétition et le plagiat, l'invasion des commentaires et des ouvrages de seconde main ;
l'inflation du nombre de livres et des auteurs ;
la gratuité, l'insignifiance, l'illisibilité des
écrits...). Pour le Prince et la religion, « on
n'écrit jamais assez » ; contre le gouvernement,
contre Dieu, « on écrit trop », et « on écrit des

choses inutiles ». L'écrivain doit demeurer une espèce utile, comme « une abeille dont le travail est précieux, délicat, utile aux hommes et à elle-même »[31].

Il convient surtout de combattre cette « étrange maladie d'écrire », cette passion de devenir Auteur qui pousse un si grand nombre à « gâter du papier ». Dinouart critique la précipitation, condamne l'emportement à écrire : on écrit trop, on écrit trop vite. Contre cette fièvre d'écrire, il faut cultiver l'étude, la réflexion : c'est *le temps du silence*, temps de la pensée, qui précède le temps d'écrire et le permet.

> *C'est dans le temps du silence et de l'étude qu'il faut se préparer à écrire {...} Pourquoi vous précipitez-vous, emportés par la passion d'être auteur ? Attendez, vous saurez écrire quand vous aurez su vous taire et bien penser.*[32]

31. *Ibid.*, p. 207 (J.M., p. 127) ; *cf. infra*, p. 56.
32. *Ibid.*, p. 251 (J.M., p. 155) ; *cf. infra*, p. 87.

Il y a ainsi dans *l'Art de se taire,* un appel à la réserve, à la réflexion, à la retenue, qu'il n'est peut-être pas sans intérêt de rappeler en un temps où l'exigence d'écrire, de communiquer tend à se plier aux lois d'un marché où la pensée devient une marchandise.

L'Art de se taire peut inviter à réfléchir sur cette hystérisation de l'écriture liée au développement de l'individualisme et du narcissisme contemporains ; à résister aux injonctions d'*avoir à écrire* ; plus largement peut-être à l'obligation faite à chacun de s'exprimer. Car la contrainte de parler ou d'écrire est aujourd'hui plus forte et plus générale que l'impératif de se taire.

L'Art de se taire peut ainsi amener à penser les effets produits sur l'écrit par une *théâtralisation de la parole.* Le succès des écrits est aujourd'hui souvent lié à une dramatisation orale, corporelle, scénique de l'écriture. *Etre lisible, c'est désormais être visible.* C'est le signe d'une paradoxale indifférence à la chose écrite, d'une certaine désaffection. L'écrit, pris dans les effets de la parole, tend alors à en revêtir les caractères : son immédiateté, mais aussi sa brièveté et sa volatilité. *Scripta volent.* L'obsolescence des livres s'accroît, et avec elle leur multiplication, favorisant une écriture de l'urgence.

Un risque s'annonce ainsi, un danger se précise : que s'installent, sur le fond d'une indifférenciation de tant de voix qui clament leur singularité, un *silence des convictions,* une *indifférence à la pensée.*

Préface

Le cardinal le Camus disait au P. Lamy de l'Oratoire, lorsqu'il lui offrit un de ses ouvrages, dont le titre est *l'Art de parler* : « Voilà, sans doute, un excellent art ; mais qui nous donnera l'art de se taire ? » Ce serait rendre un service essentiel aux hommes, que de leur en donner les principes, et de les faire convenir qu'il est de leur intérêt de savoir les mettre en pratique. Combien y en a-t-il qui se sont perdus par la langue, ou par la plume ! Ignore-t-on que plusieurs doivent à un mot imprudent, à des écrits profanes, ou impies, leur expatriation, leur proscription, et que leur infortune n'a pu encore les corriger ?

La fureur de parler, d'écrire sur la religion, sur le gouvernement, est comme une maladie épidémique, dont un grand nombre de têtes sont frappées parmi nous. Les ignorants, comme les philosophes du jour, sont tombés dans une sorte de délire. Quel autre nom donner à ces ouvrages dont nous sommes accablés, d'où la vérité et le raisonnement sont proscrits, et qui ne contiennent que des sarcasmes, des railleries, des contes plus ou moins scandaleux ? La licence est portée au point qu'on ne peut passer pour bel esprit, pour philosophe, qu'autant qu'on parle, ou qu'on écrit contre la religion, les mœurs et le gouvernement.

L'ouvrage que je présente guérira-t-il ces cerveaux blessés ? Non, sans doute, puisqu'ils affectent un mépris souverain pour ceux qui honorent encore la vertu. En effet, la nouvelle philosophie permet tout, excepté d'être chrétien et sujet. Du moins pourrai-je faire voir combien ils sont coupables, et empêcher plusieurs de ceux qui commenceraient à se laisser séduire par leur exemple, de tomber dans les mêmes égarements. La philosophie n'est plus aujourd'hui qu'un abus du mot. Il faut revenir au sentiment de Socrate et à celui de Sénèque, lorsqu'en parlant des grammairiens, des géomètres et des physiciens, ils disaient : « Il faut voir si tous ces hommes nous enseignent la vertu ou non, s'ils nous l'enseignent, ils sont philosophes ». Qu'on juge par cette maxime des auteurs qui méritent le nom de philosophe, que tant d'écrivains, prétendus beaux esprits, s'attribuent seuls parmi nous.

De quelque sexe et de quelque condition que soient ceux qui liront cette instruction, chacun pourra prendre, à ce qui est dit en général, la part qui le touche. Ce n'est point à moi à faire cette application, et quand j'en aurais la liberté, je ne pourrais m'en servir, sans pécher peut-être contre les règles du silence que je propose aux autres.

Comme il y a deux voies pour s'expliquer, l'une par les paroles, et l'autre par les écrits et par les livres, il y a aussi deux manières de se taire ; l'une en retenant sa langue, et l'autre en retenant sa plume. C'est ce qui me donne lieu de faire des remarques sur la manière dont les écrivains doivent demeurer dans le silence, ou s'expliquer en public par leurs livres, selon cet avis au sage : « Il y a un temps pour se taire et un temps pour parler ».

Un auteur du siècle précédent, et dont je n'ai pu découvrir le nom, a donné dans une lettre très courte, des règles pour parler ; j'en ai adopté les principes, et j'ai développé ses idées. Je souhaite que le présent ouvrage soit utile dans ce temps où le silence est devenu indispensable, comme étant, pour beaucoup de personnes, un moyen sûr de conserver le respect pour la religion, et de procurer à l'Etat des citoyens fidèles, discrets et vertueux.

PREMIÈRE PARTIE

Introduction

Nous avons des règles pour l'étude des sciences et pour les exercices du corps. La république littéraire est remplie d'*Art de penser*, d'*Art de l'éloquence*, d'*Introductions à la géographie, à la géométrie*, etc., et pourquoi n'enseignerait-on point l'*Art de se taire*, art si important, et cependant si peu connu ? Essayons d'en expliquer les principes et la pratique. Je ne commencerai point cet ouvrage par l'exposition des avantages qu'on en retire ; chacun les connaît assez ; je me bornerai, dans cette introduction, à quelques remarques nécessaires pour la suite de cet ouvrage.

1. On ne peut donner une connaissance exacte de certains objets, sans en expliquer en même temps d'autres, avec qui ils ont des rapports essentiels ; ainsi on ne peut parler des ténèbres, sans connaissance de la lumière, ni du repos, sans rapport au mouvement, etc. En traitant du silence, je ferai donc souvent des

réflexions sur la parole, afin d'expliquer l'un plus clairement, relativement à l'autre, ou plutôt de les expliquer tous deux ensemble, en distinguant cependant avec soin ce qui regarde les règles du silence.

2. Je suppose ici qu'il ne suffit pas, pour bien se taire, de fermer la bouche, et de ne point parler : il n'y aurait en cela nulle différence entre l'homme et les animaux ; ceux-ci sont naturellement muets ; mais il faut savoir gouverner sa langue, prendre les moments qui conviennent pour la retenir, ou pour lui donner une liberté modérée ; suivre les règles que la prudence prescrit en cette matière ; distinguer, dans les événements de la vie, les occasions où le silence doit être inviolable ; avoir une fermeté inflexible, lorsqu'il s'agit d'observer, sans se démentir, tout ce qu'on a jugé convenable pour bien se taire : or tout cela suppose réflexions, lumières et connaissance. C'est peut-être dans cette vue que les anciens sages ont dit que : « pour apprendre à parler, il faut s'adresser aux hommes ; mais qu'il n'appartient qu'aux dieux d'enseigner parfaitement comment on doit se taire ».

3. La connaissance dont je parle, est différente parmi les hommes mêmes, selon la diversité de leurs caractères. C'est ici le point

distinctif de la manière de se taire, qui semble commune aux savants et aux ignorants ; je l'expliquerai dans la suite.

Le premier degré de la sagesse est de savoir se taire ; le second, de savoir parler peu, et de se modérer dans le discours ; le troisième est de savoir beaucoup parler, sans parler mal et sans trop parler.

Etablissons les principes sur lesquels porte le présent ouvrage : ils seront pris des oracles du plus sage des hommes, des maximes des saints Pères et des savants, qui ont eu la réputation d'être les hommes les plus éclairés de leur siècle.

CHAPITRE PREMIER

Principes nécessaires pour se taire

1. On ne doit cesser de se taire, que quand on a quelque chose à dire qui vaut mieux que le silence.

2. Il y a un temps pour se taire, comme il y a un temps pour parler.

3. Le temps de se taire doit être le premier dans l'ordre ; et on ne sait jamais bien parler, qu'on n'ait appris auparavant à se taire.

4. Il n'y a pas moins de faiblesse, ou d'imprudence à se taire, quand on est obligé de parler, qu'il y a de légèreté et d'indiscrétion à parler, quand on doit se taire.

5. Il est certain qu'à prendre les choses en général, on risque moins à se taire qu'à parler.

6. Jamais l'homme ne se possède plus que dans le silence : hors de là, il semble se répandre, pour ainsi dire, hors de lui-même, et se dissiper par le discours, de sorte qu'il est moins à soi qu'aux autres.

7. Quand on a une chose importante à dire, on doit y faire une attention particulière : il faut se la dire à soi-même, et après cette précaution, se la redire, de crainte qu'on ait sujet de se repentir, lorsqu'on n'est plus le maître de retenir ce qu'on a déclaré.

8. S'il s'agit de garder un secret, on ne peut trop se taire ; le silence est alors une des choses dans lesquelles il n'y a point ordinairement d'excès à craindre.

9. La réserve nécessaire pour bien garder le silence dans la conduite ordinaire de la vie n'est pas une moindre vertu, que d'habileté et l'application à bien parler ; et il n'y a pas plus de mérite à expliquer ce qu'on sait, qu'à bien se taire sur ce qu'on ignore. Le silence du sage

vaut quelquefois mieux que le raisonnement du philosophe ; le silence du premier est une leçon pour les impertinents, et une correction pour les coupables.

10. Le silence tient quelquefois lieu de sagesse à un homme borné, et de capacité à un ignorant.

11. On est naturellement porté à croire qu'un homme qui parle très peu n'est pas un grand génie, et qu'un autre qui parle trop est un homme étourdi, ou un fou. Il vaut mieux passer pour ne point être un génie du premier ordre, en demeurant souvent dans le silence, que pour un fou, en s'abandonnant à la démangeaison de trop parler.

12. Le caractère propre d'un homme courageux est de parler peu, et de faire de grandes actions. Le caractère d'un homme de bon sens est de parler peu, et de dire toujours des choses raisonnables.

13. Quelque penchant qu'on ait au silence, on doit toujours se méfier de soi-même ; et si on avait trop de passion pour dire une chose, ce serait souvent un motif suffisant pour se déterminer à ne plus la dire.

14. Le silence est nécessaire en beaucoup d'occasions, mais il faut toujours être sincère ;

on peut retenir quelques pensées, mais on ne doit en déguiser aucune. Il y a des façons de se taire, sans fermer son cœur ; d'être discret, sans être sombre et taciturne ; de cacher quelques vérités, sans les couvrir de mensonges.

CHAPITRE II

Différentes espèces de silence

Il est un silence prudent, et un silence artificieux.

Un silence complaisant, et un silence moqueur. Un silence spirituel, et un silence stupide.

Un silence d'approbation, et un silence de mépris. Un silence de politique.

Un silence d'humeur et de caprice.

1. Le silence est prudent quand on sait se taire à propos, selon le temps et les lieux où l'on se trouve dans le monde, et selon les égards qu'on doit avoir pour les personnes avec qui on est engagé à traiter et à vivre.

2. Le silence est artificieux, quand on ne se tait que pour surprendre, soit en déconcertant par là ceux qui nous déclarent leurs sentiments,

sans leur donner à connaître les nôtres, soit en profitant de ce que nous avons entendu et remarqué, sans y avoir voulu répondre autrement que par des manières trompeuses.

3. Le silence complaisant est une application non seulement à écouter sans contredire ceux à qui on a dessein de plaire, mais encore à leur donner des marques du plaisir qu'on prend à leur entretien, ou à leur conduite ; de sorte que les regards, les gestes, tout supplée au défaut de la parole, pour leur applaudir.

4. Le silence moqueur est une réserve maligne et affectée, à ne point interrompre, sur les choses dépourvues de sens, ou inconsidérées, les sottises qu'on entend dire, ou que l'on voit faire, pour jouir du plaisir secret que donnent ceux qui en sont les dupes, en s'imaginant qu'on les approuve et qu'on les admire.

5. C'est un silence spirituel, quand on aperçoit sur le visage d'une personne qui ne dit rien, un certain air ouvert, agréable, animé, et propre à faire comprendre, sans le secours de la parole, les sentiments qu'on veut laisser connaître.

6. C'est, au contraire, un silence stupide, lorsque la langue étant immobile, et l'esprit insensible, tout l'homme paraît être abîmé dans une profonde taciturnité qui ne signifie rien.

7. Le silence d'approbation consiste dans le consentement qu'on donne à ce qu'on voit et à ce qu'on entend, soit en se contentant d'y avoir une attention favorable, qui marque le cas qu'on en fait, soit en témoignant, par quelques signes extérieurs, qu'on le juge raisonnable et qu'on l'approuve.

8. C'est un silence de mépris, que de ne pas daigner répondre à ceux qui nous parlent, ou qui attendent que nous nous déclarions sur leur sujet, et de regarder avec autant de froideur que de fierté, tout ce qui vient de leur part.

9. Le silence d'humeur est celui d'un homme dont les passions ne s'animent que suivant la disposition, ou l'agitation de l'humeur qui domine en lui, et d'où dépendent la situation de son esprit, et l'opération de ses sens ; qui trouve bien ou mal ce qu'il entend, selon que la physique fait bien ou mal ses fonctions, qui n'ouvre la bouche que par boutades, et pour ne rien dire que de désobligeant, ou de déplacé.

10. Le silence politique est celui d'un homme prudent, qui se ménage, qui se conduit avec circonspection, qui ne s'ouvre point toujours, qui ne dit pas tout ce qu'il pense, qui n'explique pas toujours sa conduite et ses des-

seins; qui, sans trahir les droits de la vérité, ne répond pas toujours clairement, pour ne point se laisser découvrir. Il a pour devise ces paroles d'Isaïe, *Secretude meum mihi*. Il est d'autres polémiques rusés, fourbes, qu'on ne connaît que trop dans le monde, et qu'il est inutile de définir ici, *omnium temporum homines*; leur silence se rapporte à celui du numéro 2 ci-dessus.

CHAPITRE III

Les causes des différentes espèces de silence

Les différentes manières de se taire naissent de la variété du tempérament et de l'esprit des hommes.

1. Le silence prudent convient aux personnes douées d'un bon esprit; d'un sens droit, et d'une application exacte à observer les conjonctures qui engagent à se taire, ou à parler.

2. Le silence artificieux plaît aux petits esprits, aux gens méfiants, vindicatifs et occupés à surprendre les autres.

3. Ceux qui sont d'une humeur douce, facile et accommodante, ont plus de penchant au silence complaisant.

4. Ceux qui aiment à se divertir de tout, aiment aussi le plaisir qu'ils trouvent dans un silence moqueur.

5. Le silence spirituel ne subsiste qu'avec des passions vives, qui produisent des effets sensibles au dehors, et qui se montrent sur le visage de ceux qui en sont animés. Ainsi on voit que la joie, l'amour, la colère, l'espérance, font plus d'impression par le silence qui les accompagne que par d'inutiles discours, qui ne servent qu'à les affaiblir.

6. Il est aisé de juger à quoi convient le silence stupide ; c'est le partage des esprits faibles et imbéciles.

7. Au contraire, le silence d'approbation suppose un jugement sûr et un grand discernement, pour n'approuver que ce qui mérite de l'être.

8. La dernière espèce de silence, qui est celle de mépris, est l'effet de l'orgueil et de l'amour-propre, qui porte les hommes de ce caractère à penser qu'on ne mérite pas un moment de leur attention. Quelquefois aussi, ce silence peut se trouver dans un homme de jugement, qui ne juge pas que ce qu'il méprise par son silence soit digne d'une plus grande considération.

Telles sont les vues générales qu'il faut avoir sur le silence, pour apprendre à se taire. Nous en avons développé la nature, les principes, les diverses espèces et les causes différentes; l'expérience en fait connaître la vérité dans l'usage du monde. Ce qu'on a dit du silence peut s'appliquer, par proportion, au discours prudent, ou artificieux, complaisant, ou moqueur, spirituel, ou stupide plein de témoignages d'approbations, ou de marques de mépris, etc.

SECONDE PARTIE

Introduction

Parler mal, parler trop, ou ne pas parler assez, sont les défauts ordinaires de la langue, comme on l'a démontré. Je dis, à proportion, la même chose au sujet de la plume. On écrit mal, on écrit quelquefois trop, et quelquefois on n'écrit point assez. On comprendra aisément, après ce que j'ai rapporté des défauts de la langue, l'application qu'on doit en faire aux défauts de la plume. Je n'ai point dessein de composer une critique longue, peut-être indiscrète, des livres dont les bibliothèques sont remplies.

Je m'arrête seulement à cette pensée que le silence serait très nécessaire à un grand nombre d'auteurs, soit parce qu'ils écrivent mal, ou parce qu'ils écrivent trop; et ce serait un bien très utile, si les écrivains solides et judicieux, qui aiment trop à se taire, donnaient plus souvent au public des instructions sages et importantes.

Pour être convaincu de ces vérités, relativement aux trois sortes d'auteurs que j'ai marqués, voici l'idée qui me vient dans l'esprit : ce serait de faire dans le monde une réforme générale des écrivains. Il faudrait commencer par une recherche exacte et sévère, à peu près comme on en use quand il s'agit d'exterminer d'un pays les empoisonneurs, ou de bannir ces hommes qui travaillent à corrompre la monnaie dans un état. Que d'auteurs coupables ne trouverait-on pas !

Bornons cette idée à quelque chose de plus déterminé que ne l'est le monde entier. Entrons dans un de ces édifices superbes, où les écrivains sont exposés aux yeux du public. C'est un spectacle qui surprend d'abord, qu'une vaste et riche bibliothèque ; plus de quatre-vingt mille auteurs, de toute nation, de tout âge, de tout sexe, de tout caractère ; rangés avec intelligence, chacun dans le lieu qui lui convient ; distingués, ou par l'ordre du temps où ils ont vécu, ou par la nature des choses qu'ils ont traitées ; toujours prêts, quand vous les consultez, à vous répondre, soit dans leur langue naturelle si vous la savez, soit par interprètes si vous ne pouvez les entendre autrement.

Vous y trouverez des savants, appelés à démêler les premiers éléments des sciences pour apprendre à bien parler et à écrire correctement.

Ici ce sont de grands maîtres dans l'art de l'éloquence, dans la poésie, dans la connaissance de la nature, dans la science des temps, des astres ; dans la connaissance des coutumes et des différentes mœurs du monde. Ce sont des héros, des hommes d'état, des ambassadeurs qui vous instruisent des opérations militaires faites de leurs temps, des mystères qui ont occasionné des révolutions secrètes ou publiques dans les empires.

Là ce sont des savants tout occupés à combattre les ennemis de la religion ; des Pères, des docteurs, des interprètes et des saints, qui, dans tous les siècles, ont travaillé avec autant de zèle que de capacité à expliquer la Loi de Dieu, à l'enseigner, à l'éclaircir, à la prêcher, etc.

Ce spectacle est grand, auguste, vénérable ; mais j'en reviens à mes premières propositions : *on écrit souvent mal ; on écrit trop quelquefois ; et on n'écrit pas toujours assez.*

CHAPITRE PREMIER
On écrit mal

De tout temps, une partie de l'occupation des meilleures plumes a été de travailler à corriger ou à combattre les mauvais livres. Tant de satires, de fausses histoires, de commentaires extravagants, de fades compilations, de contes infâmes, tant d'ouvrages contre la religion et les mœurs, c'est ce que j'appelle généralement écrire mal ; et il est tel cabinet où nul auteur n'est reçu, s'il n'a quelqu'un des caractères précédents.

Les savants, sages et judicieux, proscrivent de leurs maisons les ouvrages qui ne sont propres qu'à corrompre l'esprit et le cœur. Si par état ou par engagement, ils sont obligés d'en garder quelques-uns, soit pour en découvrir le venin afin d'en avertir les personnes faibles qui pourraient s'y laisser surprendre, soit pour en combattre la doctrine, ils les enferment séparément, et comme dans une espèce de prison, qui distingue ces écrivains coupables de ceux qui honorent la religion et qui respectent les mœurs.

« Voilà le monde », disait un aimable homme en montrant dans son cabinet des tablettes remplies d'histoires curieuses et d'autres ouvrages de ce caractère. « Voilà le Paradis », ajoutait-il, en marquant les livres de piété rangés d'un côté ; « Et voilà l'Enfer » : c'étaient les livres, ou hérétiques, ou dangereux, ou dans le goût de la philosophie présente, qu'il tenait renfermés sous la clef.

Il y a donc du mal parmi les écrivains, soit que ce désordre naisse des matières même qu'on traite, soit qu'il vienne de la corruption des esprits gâtés, qui empoisonnent tout par le mauvais tour qu'ils y donnent, soit enfin que l'un et l'autre, l'auteur et la matière, contribuent à rendre un ouvrage entièrement mauvais.

CHAPITRE II

On écrit trop

C'est le second défaut des auteurs ; il faut le faire connaître avant que de passer au troisième et d'y appliquer le remède.

On écrit trop. On écrit des choses inutiles. On écrit trop au long les meilleurs choses. On écrit sans respecter les bornes prescrites à l'esprit humain, sur toutes les matières dont la

connaissance nous est refusée dans l'ordre de la
providence. On écrit sur des objets qu'on doit
s'interdire, quand on n'en a pas la mission,
quoiqu'on ait les talents nécessaires pour en
parler. Tous excès blâmables, et sur lesquels il
faut s'arrêter un moment. Nous finirons par
indiquer les principes nécessaires pour s'expliquer par les écrits et par les livres.

§ 1. *On écrit des choses inutiles*

C'est là défaut des auteurs peu judicieux,
qui ne savent pas prendre leur parti, ni choisir
une matière qui soit de quelque utilité. Un
écrivain a résolu de donner un ouvrage nouveau ; ce seront des *Commentaires sur les guerres de
César* ; il donnera ensuite *la Vie du grand Théo-
dose,* etc. Ne les avons-nous pas de bonne main ?
pourquoi s'occuper inutilement à faire mal ce
qui a été bien fait ?

Un savant entreprend de travailler pour le
public ; il prend ses mesures, il pense, il médite
quelque chose d'extraordinaire ; il met en vers
les *Annales de Baronius ou St Augustin.* Pourquoi
ne pas les laisser en prose ? Ils sont si bien et le
monde sage en est content. Combien nous
donne-t-on d'ouvrages dans ce goût !

Il est des hommes qui écrivent pour écrire, comme il y en a qui parlent pour parler. Nul génie, nul dessein, ni dans les discours des uns, ni dans les livres des autres; on les lit et on n'y comprend rien, ou on n'y apprend rien. Ces auteurs ne s'entendent pas eux-mêmes. Pourquoi donc écrivent-ils? C'est ainsi que par le mauvais choix des matières, ou par une manière d'écrire qui ne signifie rien, on remplit le monde de livres stériles et infructueux. On l'a dit, il est peu de livres où il n'y ait quelque chose de bon; mais combien, dans les bibliothèques, de livres qu'on n'ouvre jamais, parce qu'ils ne peuvent rien fournir d'utile? Combien d'autres qui, dans des *in-folio,* n'ont mis qu'une page ou deux de bonnes choses, qui semblent leur être échappées sans qu'ils le sussent, et qu'il faut chercher et découvrir dans un fatras de choses ennuyeuses? Oh! le bon livre, le livre curieux, qu'un *extrait des livres qu'on ne lit point ou qu'on ne peut lire sans ennui et sans dégoût!* Un tel ouvrage pourrait être renfermé dans deux *in-folio,* où peut-être quarante mille auteurs seraient réduits à ce qu'ils ont écrit d'utile et à ce qui leur appartient en propre. On posséderait alors, dans un très petit cabinet, une bibliothèque très riche, très importante, et qu'on pourrait lire plus d'une fois dans le cours de sa vie, car, avec cet extrait, on n'aurait qu'un très petit nombre de livres à lire de suite.

Les bons écrivains ressemblent à l'abeille, dont le travail est précieux, délicat, utile aux hommes et à elle-même ; mais les écrivains dont je parle semblent n'être faits ni pour eux ni pour les autres. Ils sont auteurs, direz-vous : ils ont fait un livre. Dîtes plutôt qu'ils ont gâté du papier, après avoir perdu leur temps en croyant faire un livre. Ils ne sont, tout au plus, que ce qu'ils étaient, pour ne rien dire de plus critique. Et telle est la condition de ces faiseurs de romans, d'anecdotes, de contes, de poésies badines, ou plutôt licencieuses, etc.

Ils ont du moins le plaisir de se croire auteurs. Oui, sans doute ; mais le public fait bientôt sentir à ces écrivains inutiles que leur joie sera courte. Sur la seule affiche du livre, on méprise l'ouvrage et l'ouvrier dont le monde, dit-on, pouvait bien se passer. Ecoutons un moment un écrivain sage, qui a très bien apprécié le mérite de tous ces écrivains frivoles, qui nous accablent chaque jour par leurs brochures : c'est M. Querlon, bien connu de la République des Lettres.

L'étrange maladie d'écrire ou de lire ce qu'on écrit, dont nous sommes depuis longtemps travaillés, augmente encore tous les jours. Les livres semblent remplir un besoin de l'âme; il en faut pour tous les tempéraments de l'esprit, pour tous les degrés d'intelligence; ils doivent donc n'être guère moins variés de qualité et de substance, que les aliments dont nous usons. Considérés sous ce point de vue, bons, médiocres, faibles, insipides, etc., il n'est point de livres qui ne trouvent des lecteurs faits pour eux. Comme ici, c'est la tête qui digère, le grand point est de bien choisir les lectures qui nous sont propres, et on a quelquefois lu pendant toute sa vie au hasard, sans avoir su faire le choix. De là tant d'esprits cacochymes, tant de têtes délabrées par le mauvais chyle qu'elles n'ont cessé de faire, en lisant beaucoup de choses, au moins inutiles. On se plaint de l'incontinence d'esprit, qui multiplie si prodigieusement parmi nous, et les auteurs de toute trempe, et les livres de toute espèce, et les lecteurs de tout calibre. Jamais on ne vit en effet de fermentation semblable à celle qui s'est faite dans les têtes depuis vingt-cinq ou trente ans. Tout fourmille de gens de Lettres; le nom du moins est devenu si commun, si vulgaire même, qu'il est aujourd'hui presque ridicule de l'être et de ne l'être pas; cependant, on veut

que nous nous méfions de cette grande fécon-
dité; on craint qu'elle ne soit le présage d'une
décadence inévitable. Les étrangers qui nous
observent, nous menacent d'une révolution littéraire; on calcule déjà nos pertes, on prétend
nous les démontrer. Autrefois, excepté les clercs
et les moines, personne en France ne savait lire;
il viendra peut-être un temps où l'on aura de la
peine à trouver chez nous un homme sans
lettres. Arrêtons-nous à cet objet qui nous présente les plus agréables idées. Il y avait dans la
Palestine une ville, appelée la Cité des Lettres,
ou des Liures, Cariat Sepher. Figurons-nous
dans une des plus belles contrées de l'Europe,
toute une nation adonnée aux Lettres : si c'est
trop de la nation entière, mettons-en du moins
la moitié; il y aura le peuple corps et le peuple
esprit; et comme le corps est communément de
plus grand service que l'esprit pour une infinité
d'usages, quelque attrait qu'ait pour nous le
dernier, la nature seule remettra l'égalité dans
ce partage. Pour le peuple corps, on n'est point
en peine de sa population et de sa durée; mais
comment le peuple esprit pourra-t-il jamais
devenir aussi nombreux ? Comment ? Par la
progression naturelle, établie dans l'ordre des
choses. Pour peu que le goût de l'instruction

s'étende, ou continue seulement à peu près dans la même proportion que la démangeaison d'écrire, tout le monde se trouvera plus ou moins lettré, sans presque s'en apercevoir; nous nous électrisons tous les uns les autres. Point de contagion plus subtile, plus prompte que celle des livres. Les poètes surtout, engeance féconde, qui croît chez nous dans les plus arides bruyères; les poètes pulluleront bientôt sous tous les degrés de cette région, depuis le Conquet, jusqu'à Saint-Jean-Pied-de-Porc, et dans tous les points de notre latitude.

Si tout le monde écrit et devient auteur, que fera-t-on de tout cet esprit et de tous ces livres, dont nous sommes surabondamment excédés, inondés, submergés? En un mot, quand tout sera dit, sur quoi l'esprit humain pourra-t-il exercer son activité? Quand tout sera pensé, que tout sera dit, on recommencera, comme on fait depuis un temps immémorial, à penser encore, à redire les mêmes choses; on ne sera pas plus surchargé de la population littéraire, qu'on l'est au bout de quelque temps, de cette multitude de livres qui n'ont qu'un instant de vie, qui naissent et meurent, qui revivent et disparaissent encore. Dans le monde moral et dans le physique, ce sont les mêmes vicissitudes. Voyez combien au printemps, la terre déploie, étale de richesses! Quel luxe! Quelle profusion de fleurs et de feuilles! Ces arbres si beaux, si touffus, sont en peu de jours entièrement dépouillés. L'hiver achevant le dégât, ne laisse aucun vestige de cette verdure qui parait les jardins, les forêts et les campagnes. Ainsi se consume insensiblement, ainsi sera toute consumée quelque jour, cette innombrable quantité de livres dont les journaux marquent la naissance, il n'en restera point de traces.

> *Apprenez, petits ouvrages,*
> *A mourir sans murmurer.*

Il faut l'avouer, il n'y a pas de nation pour faire rouler les presses, comme la nation française, et peut-être pour les faire gémir. Les auteurs naissent chez nous comme les champignons, et malheureusement, le plus grand nombre en a toutes les qualités. La nation s'est tournée tout à coup vers l'agriculture, qu'elle n'avait que trop négligée, aussitôt, des essaims d'auteurs agriculteurs ont couvert toutes les campagnes, et la plupart ne la connaissait que par les livres de leurs cabinets. Quelques esprits ont jugé à propos de traiter la matière des finances et les opérations du gouvernement, aussitôt, mille auteurs se sont crus ministres, financiers ; on n'écrivait plus qu'impôt, politique, et cette liberté dégénérée en une sorte de manie, attira l'attention du souverain, qui imposa silence ; nous parlerons séparément de cet article. Telle est notre suffisance, de vouloir parler de tout, d'écrire sur tout, souvent sans autres connaissances que celles que nous avons acquises par quelques lectures rapides ou dans les conversations du monde. Qui pourrait compter, par exemple, les brochures de tous nos romanciers et de nos petits poètes ?

Il y a quelques années qu'on ne trouvait point de jeune homme sortant du collège, qui n'eût la démangeaison de faire imprimer un roman ou des poésies fugitives. A combien de ces écrivains de futilités conviendrait l'épigramme suivante de Robbé de Beauveset ?

Petit auteur, qui rampant dans la fange,
Crois tes portraits moulés sur ceux de Michel-Ange,
Tu veux donc être mis en veau ?
Attends que pour toujours ta paupière soit close,
On te reliera dans ta peau,
Ce sera bien la même chose.

§ 2. *On écrit trop au long les meilleures choses*

Si le sujet sur lequel on travaille est grand, utile, entrepris avec choix et discernement, on tombe souvent dans un défaut : *c'est d'écrire trop au long les meilleures choses,* et par là, on nuit au succès de l'ouvrage.

Quand on traite un sujet, il y a des mesures à garder ; c'est le bon sens et la raison qui les déterminent. Quand on écrit, il faut du goût, de l'usage, de l'attention pour ne pas aller trop loin, comme il en faut pour ne pas demeurer en chemin avant que d'avoir atteint le terme. Ajoutez quelque chose à cette juste étendue, ou retranchez-en, alors la composition est difforme. Un homme est d'une taille avantageuse, ôtez-lui de ce qu'il a, ou donnez-lui quelque chose de plus, vous le défigurez. Ce sera un nain, si on lui ôte trop ; mais on en fera un monstre, si l'on ajoute à sa grandeur naturelle quelques degrés de hauteur. Il faut qu'il soit précisément comme il est pour être bien ; l'œil est content en le voyant, c'est une règle sûre.

J'en dis autant de l'esprit : un auteur doit remplir son dessein ; et pour plaire à ceux qui le liront, il doit particulièrement éviter d'écrire trop au long, ce qu'il écrit de bon et de raisonnable. On se plaint rarement de la brièveté, on se plaint toujours de la longueur.

Ce défaut de longueur arrive ordinairement, parce qu'on ne prend pas tout le temps qu'il faut pour borner, revoir, retrancher, réduire à une juste mesure la matière qu'on a entre les mains. L'auteur se répand quelquefois avec plaisir sur des endroits qu'il aime par préférence ; c'est son charme, et souvent c'est l'ennui du lecteur, ce défaut vient aussi de ce que l'auteur est plus prêt sur certaines choses dont il est instruit, que sur d'autres qu'il traite plus légèrement. On sent son faible en le lisant, et on ne lui pardonne ni ce qu'il écrit avec trop d'appareil ni ce qu'il se contente de traiter superficiellement, faute de connaissances suffisantes.

Il en est ordinairement des auteurs comme des orateurs sacrés et profanes ; les plus courts sont écoutés avec plus de plaisir, quand ils remplissent un excellent dessein, sans fatiguer les auditeurs. Un homme qui parle, ou qui écrit plus qu'on ne veut, ennuie toujours ; la patience échappe, et on laisse l'orateur en chaire, ou l'auteur sur la table, comme on se défait d'un fâcheux qu'on rencontre.

Il est peu d'hommes du caractère de celui qui n'aimait rien que de grand et de long : de grands habits, de grands domestiques, de grands livres, de longs discours, etc. Il eût sans doute chéri, avec une grande tendresse, Thomas Rafetbach, théologien bavarois, qui ayant entrepris de composer un traité sur le prophète Isaïe et de l'enseigner publiquement à Vienne, y employa vingt-deux ans, sans en achever seulement le premier chapitre, qui demeura imparfait par sa mort.

Il est donné, heureusement, à peu d'écrivains d'avoir une si longue persévérance; mais enfin plusieurs écrivent trop : leur manière de composer est vague, et leurs livres sont pleins d'un excès de choses, bonnes et mauvaises, d'où il arrive que les bibliothèques sont remplies à leur tour de ce mélange inutile et fatigant.

§ 3. *On écrit sans respecter les bornes prescrites à l'esprit humain, sur toutes les matières dont la connaissance nous est refusée dans l'ordre de la Providence*

Faciendi plures Libros nullus est finis, dit le sage, (Eccl.12.) Dieu a abandonné le monde à la dispute des savants, mais pas un d'eux n'a pu pénétrer, par ses conjectures, les secrets de sa sagesse (*Conf. de la Sag.*) qu'il n'a point voulu leur découvrir. *Mundum tradidit disputationi eorum, ut non inveniat homo opus quod operatus est Deus ab initio usque ad finem. (Eccl. 3.)* Combien de systèmes physiques, dont le but est d'ébranler la religion! Apprenons ce que la voix de la nature nous enseigne; c'est elle qui, sans nous envoyer aux écoles de ses anciens, ni de ses nouveaux interprètes, nous explique elle-même les principaux mystères de la physique. Elle le fait lorsque nous montrant le ciel et la terre, et les autres créatures, elle nous annonce que nous sommes comme elle les ouvrages du Tout-Puissant. Elle nous fait lire les premières paroles du Testament du Créateur, écrites sur le soleil et les astres: *in principio Deus creavit cœlum et terram*: au commencement, Dieu qui était, créa ce qui n'était point encore.

De quelque qualité qu'on soit, et quelque excuse que l'orgueil, ou la négligence, ou la multitude des affaires puisse nous proposer, ne nous dispensons point d'étudier cette philosophie. Il n'y a rien de plus honorable que de la savoir et d'en pouvoir parler dignement, ni rien de plus aisé que de l'apprendre. Tout ce qu'elle veut de nous est que dans les heures de notre loisir, nous ouvrions les yeux et que nous regardions le monde: *Peto nate ut in cœlum et ad ter-*

ram aspicias, et ad omnia qua in eis sunt, et intelli-
gas quia ex nihilo illa fecit Deus : mon fils, je ne
vous demande qu'une grâce, contemplez le ciel
et la terre, et laissez entrer dans votre esprit les
lumières qui sortiront de là, et qui y feront
entrer avec elles la science, la piété et l'humilité. Le caractère de la vraie philosophie est de
déterminer ses spéculations par des actes
d'amour divin, et par des accroissements de
sainteté. Le caractère de la philosophie fausse et
corrompue est de terminer les siennes par un
accroissement de présomption et de rendre le
philosophe plus aveugle, plus superbe qu'il
n'était avant ses études : il veut connaître le
quomodo de chaque chose, il s'égare, il se perd.

Une autre différence de ces deux philoso-
phies si contraires est que celle-ci s'occupe à
contempler et à admirer ce que Dieu nous
montre de ses ouvrages, et que l'autre s'occupe
à vouloir voir ce que Dieu ne veut pas que nous
voyions, et ce qui doit être couvert à nos yeux.
La sagesse divine a caché dans ses productions,
de certains secrets qu'il n'est point à propos
que nous sachions. Les philosophes de cette
dernière école entreprennent de les savoir ; et
c'est pour les punir, que Dieu permet qu'ils
l'entreprennent et qu'ils se punissent eux-

mêmes, en consumant leur vie à courir dans un
labyrinthe ténébreux, à chercher ce qu'ils ne
trouveront jamais.

Ils le cherchent en effet ; tous les efforts de
leurs études, durant les jours et les nuits, vont à
tâcher de porter leur vue jusque dans le milieu
des êtres, et jusqu'au fond des substances, et à
deviner quels sont ces secrets mystérieux que le
Créateur a cachés si profondément sous ces obs-
curités éternelles. Le malheur est qu'ils veulent
dire et qu'ils veulent que l'univers sache ce
qu'ils en pensent : ils entreprennent de rempor-
ter, les uns sur les autres, l'honneur d'avoir le
mieux deviné et le mieux connu, malgré Dieu,
les raisons de sa conduite et les mystères de sa
Providence. De là tous les systèmes qu'ils ima-
ginent et qui se succèdent.

C'est en les regardant, que Salomon a pro-
noncé cette parole mémorable : *Mundum tradidit
disputationi eorum.* Il permet que ces savants
s'opiniâtrent, depuis trois ou quatre mille ans,
à vouloir comprendre, par exemple, quelle est
la *divisibilité* qu'il a cachée dans la pointe d'une
aiguille, ou quel est le ressort qui donne le
mouvement au soleil ou à l'océan, durant ses
agitations régulières. Tout cela, s'écrie Salomon, aussi bien que les travaux des ambitieux,

et que les soins des avares, *vanité des vanités*, maladie des hommes attachés opiniâtrement à obéir aux songes de leurs imaginations, et à passer leur vie à convaincre les autres hommes, qu'ils ont songé à la vérité.

C'est une belle parole de St Augustin, que les Pythagore et les Démocrite s'appliquent chacun aveuglément dans leur cabinet, à former leurs rêves et leurs folies particulières, et qu'ils viennent ensuite dans leurs assemblées et durant leurs disputes, se dire très sagement, les uns aux autres qu'ils sont des fous.

Quand les impies ont quelques doutes à proposer sur les mystères de la religion, ils commencent par se les proposer à eux-mêmes ; ils interrogent secrètement leur esprit, et lui demandent d'où il a su que le monde a été fait par un Créateur, et qu'après la mort, il y a un jugement, un enfer, une éternité, etc. *In cogitationibus impii interrogatio erit*. (*Sap. 1*.)

Les petites questions de la philosophie du siècle ne sont point éloignées des grandes. C'est par celles-là qu'on apprend bien vite à se rendre maître en impiété, et à proposer hardiment à son cœur et à ses disciples, des doutes scandaleux contre les vérités éternelles. Le manichéen qui interroge son ami, si c'est Dieu qui a fait des moucherons, est bien près de l'interroger si c'est Dieu qui a fait les hommes. Un prince, qui demande aux philosophes de sa cour, si les oiseaux sont vivants, se demandera bientôt à lui-même si les anges le sont, et s'il y a des âmes immortelles.

Il en est des sciences comme des paroles ; les plus dangereuses sont les plus chastes et les plus modestes, lorsque, sous le voile de leur sagesse et de leur modestie, elles se trouvent les plus propres à porter la corruption dans le cœur, et à lui faire entendre qu'il peut penser bien des choses, que le docteur n'ose pas dire.

N'ayons point la curiosité de savoir le chemin de notre perte, et ne nous attachons à aucune doctrine, qu'à celle qui nous sert à connaître Dieu, et qui nous aide à l'aimer.

« Nous sommes si près de l'autre vie, dit M. Nicole, c'est-à-dire, d'un état où nous saurons la vérité de toutes choses, pourvu que nous nous soyons rendus dignes du royaume de Dieu, que ce n'est pas la peine de travailler à s'éclaircir de toutes les questions curieuses de la théologie et de la philosophie. »

Cette réflexion est très sage ; et si les savants voulaient la mettre en pratique, ils ne passeraient pas les jours et les nuits à traiter des

sujets, dont la connaissance sera toujours inter-
dite à l'homme. Le temps qu'ils perdent dans
ces discussions tournerait à leur avantage et à
celui du public, s'il n'était employé qu'à des
ouvrages utiles à la société.

§ 4. *On écrit sur des sujets qu'on doit s'interdire
quand on n'en a pas la mission, quoiqu'on en ait les
talents.*

Nous nous bornons ici aux objets qui ont
rapport au gouvernement. Les princes étant
établis de Dieu pour gouverner les provinces, à
la tête desquelles sa Providence les a placés, il
est dans l'ordre de cette même Providence, que
leurs sujets respectent leurs personnes, et soient
soumis à leurs commandements.

Il n'est pas moins important de ne pas juger
la manière dont la chose publique est gouver-
née dans un état. Outre que nous ne sommes
pas chargés de réformer la conduite de ceux qui
nous gouvernent, c'est qu'étant nés pour être
gouvernés, notre devoir est de suivre l'impression générale, que celui qui tient les rênes du
gouvernement croit devoir donner à l'adminis-
tration de chacune des parties qui composent
l'état qui lui est soumis.

Il est le centre auquel se rapportent les besoins de tous, tous les rayons du cercle aboutissent à ce centre, et il fait tout mouvoir pour le bien général et particulier de ses sujets. Si les choses n'étaient pas ainsi, cette situation violente ne changerait rien à notre position. Elle est immuable dans les lois de la Providence, et tout ce que nous pourrions nous permettre de croire, c'est qu'il serait alors dans l'ordre des décrets de cette Providence, que nous fussions gouvernés d'une manière contraire aux principes de la justice ; il faudrait se taire et adorer la profondeur de ses décrets.

Mais sans supposer des extrémités dont Dieu ne permettra pas que nous soyons les témoins, dans un royaume surtout où sa loi est notre règle, et où l'esprit de sagesse est celui de nos souverains, il est difficile de penser que tout ce qui se fait et tout ce qui s'ordonne, réunît en sa faveur les suffrages de la multitude, s'il était permis à tous de dire son sentiment.

Il y a deux grands ressorts de la conduite des hommes dans leurs jugements : la fantaisie et la raison. La raison, qui ne consiste que dans un point, est une connaissance véritable des choses telles qu'elles sont, qui fait que nous en jugeons sainement, et que nous les aimons ou les haïssons, les approuvons ou les condamnons, selon qu'elles le méritent. La fantaisie est une impression fausse que nous nous formons des choses, en les concevant autres qu'elles ne sont, ou plus grandes, ou plus petites, plus avantageuses ou plus fâcheuses, plus justes ou moins équitables qu'elles ne sont effectivement ; ce qui nous engage en plusieurs jugements faux et produit en nous, sur ces mêmes choses, des affections déraisonnables. Si l'on joint à ce que nous appelons ici fantaisie, les effets que produit en nous la prévention qui peut en être la suite, mais qui peut avoir aussi autant de sources différentes qu'il y a de passions diverses dont notre cœur peut être agité, combien peut-il être rare qu'il y ait des personnes capables de juger uniformément et sainement de la conduite de ceux qui nous gouvernent, et d'écarter de leurs jugements toutes les impressions qu'ils pourraient recevoir de la fantaisie ou de la prévention ?

Il ne doit pas naturellement y avoir tant d'embarras dans les jugements que l'on peut porter sur les choses qui ne touchent pas au gouvernement, et qui n'ont trait qu'aux actes ou aux événements ordinaires de la société entre les hommes, aux sciences, aux arts, etc.

Ces objets ne sont pas le théâtre des grandes passions ni des grands intérêts, et l'on voit cependant les sentiments partagés sur les plus petits de ces événements. De ces diversités d'opinions, il résulte souvent des divisions dans les familles, des ruptures entre des amis, des mouvements même dans les corps de l'Etat.

Si donc dans des matières si légères, les différents jugements que les hommes en portent, parce que ces objets sont livrés par leur nature à leur dispute, et qu'il faudrait une vertu bien grande pour les engager à s'abstenir de produire leurs sentiments, dès qu'ils peuvent apercevoir qu'il peut en résulter des suites fâcheuses. Si ces différents jugements entraînent avec eux des conséquences funestes, que n'aurait-on pas à redouter de la liberté que l'on prendrait de juger de même des affaires d'Etat?

Non seulement la fantaisie, la prévention, qui dominent la plus grande partie des hommes, pourraient dominer elles-mêmes, et diriger les jugements du plus grand nombre ; mais en pareille matière, les plus grandes passions pourraient occasionner les plus grandes agitations. Et quels moyens les gens sages, qui, dans leurs jugements, ne seraient certainement conduits que par la raison, pourraient-ils

employer pour ramener la multitude? La raison
est, comme nous venons de le dire, la connaissance véritable des choses telles qu'elles sont.
Ces gens sages pourraient-ils souvent avoir
cette connaissance véritable des choses, et à
l'aide de cette connaissance, se raidir contre le
torrent? Il est une infinité d'opérations dans un
vaste empire, dont la base est inconnue et fait
partie du secret d'Etat. Cette base, connue des
gens sages comme de ceux qui ne le sont pas,
porterait l'évidence dans les esprits et
rectifierait les jugements de ceux qui s'égarent,
mais des motifs plus importants encore obli-
geant à la celer, l'opération reste à la merci des
passions des hommes, et leurs jugements, si
l'on se croit permis d'en porter en cette
matière, peuvent, par leur diversité et par
l'aigreur ou le mécontentement qui en serait
une suite, causer dans un état, des commotions
capables de nuire au salut et à la tranquillité
générale.

    La vue de tels inconvénients paraît devoir
suffire pour détourner même les personnes qui
ne seraient pas ordinairement conduites par la
raison, à s'abstenir de vouloir porter leurs jugements sur de pareilles matières. Rarement la
fantaisie et la prévention offusquent-elles

l'esprit des hommes, au point de les aveugler sur leurs propres intérêts ; et c'est par cette seule considération, que l'on se propose ici de les dissuader de produire leurs sentiments sur des choses dont les personnes les plus sages peuvent, le plus souvent, ne pas être à portée de juger elles-mêmes, par le défaut de la connaissance véritable de l'état de ces mêmes choses, sans laquelle ils courent le risque inévitable de s'égarer dans leurs jugements.

Il semble, dit un auteur, qu'un ouvrage ne serait pas bon, s'il ne contenait la satire de ceux qui sont en dignité. On fait servir jusqu'aux ouvrages philosophiques, à la démangeaison qu'on a de blâmer et de critiquer. Il n'est jamais permis à des sujets d'écrire contre le gouvernement ; s'ils ont des lumières et des connaissances sur cet objet, qu'ils donnent dans le secret des mémoires aux ministres ; mais qu'ils ne se répandent point dans des invectives et dans des clameurs, qui ne peuvent engendrer que des murmures et soulever les esprits.

La fureur de vouloir mettre au jour du nouveau, produit bien des inepties. Si chacun se renfermait dans sa sphère, un écrivain sans caractère et sans autorité, ne s'aviserait pas de vouloir corriger les princes et les ministres.

« Les têtes françaises sont un peu girouettes »,
disait un académicien ; et c'est la meilleure
réponse qu'on puisse donner à ceux qui nous
reprochent nos écarts.

Tous les faiseurs de projets n'ont pas le
maniement des affaires et n'aperçoivent pas les
difficultés. Il faut être dans le cabinet des
princes, voir le centre où tout aboutit, pour
tirer des lignes dans une juste direction. Avec
une plume et du papier, on trace les plus beaux
plans de réforme ; rien ne nous résiste quand
nous écrivons dans le particulier : on tranche,
on coupe comme on veut, quand ce n'est qu'en
idée, et l'on se croit législateur. Que des
ministres, qui ont vieilli dans les affaires, que
des magistrats, qui connaissent les hommes et
les lois, conçoivent des plans d'amélioration et
les proposent, je les écoute. Ils sont faits pour
parler, parce qu'ils sont instruits. Mais qu'un
particulier, qu'un savant, qui n'est que savant,
qu'un philosophe, qui n'est que philosophe,
dont la vie n'a nul rapport avec la manutention
de l'état, se mette sur les rangs pour donner des
projets et des plans de législation et d'adminis-
tration, ce n'est souvent qu'un écrivain qui a de
beaux rêves et qui les débite agréablement.

CHAPITRE III
On n'écrit point assez

La paresse, la méfiance de ses propres forces, la modestie et la retenue sont les causes de ce mal qui prive souvent le public d'un grand nombre d'ouvrages utiles et curieux.

Je ne sais par quelle fatalité, pour les Lettres, on trouve toujours des hommes paresseux et savants tout à la fois, comme si ce vice entrait dans le caractère d'un homme spirituel, ou du moins qu'il en fût presque inséparable. On en cherche quelquefois des raisons, prises dans la nature, la délicatesse des organes, l'abondance des lumières, la peine qu'a un bon esprit à se contenter, ce sont souvent des prétextes frivoles dont autorise sa négligence. Combien avons-nous d'excellents livres, travaillés par des hommes aussi spirituels, aussi délicats et aussi érudits que le sont ceux que je blâme ici ? Vous en trouverez de plus sincères, qui avouent sans façon que le plaisir d'être paresseux leur semble préférable au plaisir de composer un ouvrage.

La méfiance de ses propres forces retient quelques-uns dans le silence ; ils ne savent pas

tout ce qu'ils peuvent. La timidité répand sur
leur esprit un voile qui les embarrasse, qui leur
dérobe une partie de leurs lumières, qui leur
cache tout ce qui anime les autres à travailler,
qui les rend incertains, inconstants, toujours
prêts à laisser imparfait ce qu'ils ont commencé;
bien différents de ces écrivains hardis, pré-
somptueux, qui, sans presque lever la plume,
commencent et achèvent un ouvrage.

La modestie et la retenue sont fort louables;
mais il est des savants qui connaissent toutes
leurs forces, qui en ont fait l'épreuve et qui font
un tort irréparable aux sciences en se retran-
chant dans un silence timide. Ils sont à la vérité
en plus petit nombre que ceux en qui l'on
remarque une inclination contraire. Il serait
avantageux que ce petit nombre fût rempli de
ce qu'il y a de trop dans l'autre.

Quelle eût été la destinée des Lettres, si tant
d'habiles auteurs, dans le sacré et le profane,
avaient suivi les maximes de ceux qui, avec les
mêmes talents, refusent aujourd'hui d'écrire ?
Le fameux apostat, l'empereur Julien, qui
défendait autrefois aux chrétiens la lecture et
l'usage des livres, savait ce qu'il en avait à
craindre. Il faut des guides pour éclairer; et où
les chercher, si ce n'est parmi les vrais savants ?

Il y a des temps où une indiscrète retenue est une espèce de crime surtout quand il s'agit des intérêts de Dieu et de la religion.

On pourrait ajouter d'autres réflexions sur ce point et sur les fautes que les auteurs commettent en écrivant mal, en écrivant trop, ou en n'écrivant point assez. Mais il est temps de parler des remèdes qu'on peut y appliquer.

Ne perdons point de vue les principes solides, rapportés au commencement de cet écrit, pour apprendre à gouverner la langue. Ils sont également nécessaires pour régler l'usage de la plume ; je ne ferai qu'y changer les termes de parler et de se taire, en ceux d'écrire et de ne pas écrire, ou de retenir sa plume.

CHAPITRE IV

Principes nécessaires pour s'expliquer
par les écrits et par les livres

PREMIER PRINCIPE. *On ne doit jamais cesser de retenir sa plume, si l'on n'a quelque chose à écrire qui vaille mieux que le silence.*

Sur ce principe, tout ce qu'il y a de mal dans les auteurs pernicieux et ce qu'il y a de trop dans les autres, comme je l'ai marqué en détail, doit être le sujet ordinaire de leurs réflexions les plus sérieuses.

Combien serait-il avantageux aux écrivains de mauvais livres, que la plume leur fut tombée des mains, avant que de répandre sur le papier le poison de tant de satires infâmes, d'amours criminels et d'erreurs dans la Foi ? Le silence valait certainement mieux que l'exposition de ces désordres. Le silence est donc le parti qui convient aux esprits libertins et corrompus. S'ils ne le prennent pas par choix, il est de l'intérêt de la religion et de la saine politique, de les y réduire par des moyens efficaces. Un homme attaqué d'une maladie contagieuse est exclu de la société, pour le bien même de cette société. La justice frappe de son glaive ceux qui troublent l'ordre civil, qui dépouillent les autres de ce qui leur appartient. Un écrivain qui, dans ses écrits, blasphème contre Dieu, s'élève contre la religion, corrompt les mœurs, est-il donc moins coupable ? On n'offenserait point impunément le prince, et on attaquerait Dieu même avec impunité. On fermerait les yeux sur ces productions impies, sur ces écrits où la pudeur est raillée, outragée ; où l'on apprend à ne rougir que d'être chrétien, patrio-tique et vertueux. Une tolérance semblable, en

détruisant les fondements de la religion et la
règle des mœurs, romprait les liens les plus
sacrés qui attachent le sujet au souverain, ren-
verserait toute distinction, toute dépendance,
toute union dans la société ; et quel serait le
sort d'une nation où de semblables écrivains
seraient regardés comme les oracles du siècle ?
Je le répète, la religion et la politique bien
entendue, ont un intérêt égal à se prêter
mutuellement la main, pour s'opposer à cette
contagion aussi funeste à l'Eglise qu'à l'Etat ; et
quand je parle ainsi, je ne fais que rendre les
sentiments d'un célèbre magistrat que j'ai déjà
cité, dans son réquisitoire du 23 janvier 1759.

« De pareils excès, dit-il, n'exigent-ils pas
les plus grands remèdes ? La justice ne devrait-
elle pas se montrer dans toute sa sévérité,
prendre le glaive en main, et frapper, sans distinction, les auteurs sacrilèges et séditieux que
la religion condamne, et que la patrie désa-
voue ? Des hommes qui abusent du nom de
philosophe pour se déclarer, par leurs systèmes,
les ennemis de la société, de l'Etat et de la religion, sont, sans doute, des écrivains qui mérite-
raient que la Cour exerçât contre eux toute la
sévérité de la puissance que le prince lui confie ;
et le bien de la religion pourrait quelquefois

l'exiger, de l'attachement de tous les magistrats à ses dogmes et à sa morale. Vos prédécesseurs, Messieurs, ont condamné aux supplices les plus affreux, comme criminels de lèse-majesté divine, des auteurs qui avaient composé des vers contre *l'honneur de Dieu, son Eglise, et l'honnêteté publique*; ils ont déclaré soumis à la peine des accusés, ceux qui s'en trouveraient saisis, et les libraires furent décrétés de prise de corps et poursuivis suivant la rigueur des ordonnances.»

Arrêt du 19 août 1623 contre Théophile, Bertelot, etc.

Par un arrêt du conseil privé de Louis XIII, du 14 juillet 1633, les ouvrages de Guillaume de Saint-Amour furent supprimés, avec défense, sous peine de la vie, à tous imprimeurs et libraires de les exposer en vente, ni débiter, et à tous autres d'iceux, ne tenir, ni avoir par devers eux, sous peine de trois mille livres d'amende.

En effet, dans quel état souffrirait-on les empoisonneurs attenter publiquement à la vie des citoyens ? Et pourquoi voudrait-on que la religion et les mœurs soient un objet moins précieux que la vie du corps aux yeux des souverains qui aiment la religion ? «Si l'Eglise de

Jésus-Christ, dit Monseigneur l'archevêque de Paris dans son mandement du 24 janvier 1768, est affligée par les scandales de l'incrédulité, et que l'autorité spirituelle ne puisse pas en arrêter le progrès, n'est-il pas juste que le prince vienne à son secours, en imprimant aux coupables la terreur du *glaive qu'il ne porte pas en vain* et que Dieu lui a confié, comme au *ministre de sa vengeance?* »

L'erreur a été constamment regardée par les princes catholiques comme un des maux qu'ils doivent arrêter par la crainte du châtiment, et même punir en cas d'opiniâtreté. « Les princes chrétiens, dit M. Bossuet, sont en droit de se servir de la puissance du glaive contre leurs sujets ennemis de l'Eglise et de la sainte doctrine ; c'est une chose qu'on ne peut révoquer en doute sans énerver la puissance publique. Je ne connais parmi les chrétiens, que les sociniens et les anabaptistes qui s'opposent à cette doctrine. Le droit est certain, mais la modération n'est pas moins nécessaire. » *Hist. des Variat. L. 10., n. 56.* « Ceux qui ne veulent pas souffrir que le prince use de rigueur en matière de religion, parce que la religion doit être libre, sont dans une erreur impie. » *Polit. L. 7, art. 3.* Il ne faut pas dire, selon le célèbre abbé Fleury,

que le prince n'a pas droit sur les opinions des
hommes ; il a droit au moins d'empêcher qu'on
n'en fasse paraître de mauvaises ; et il ne doit
pas être plus permis de parler contre l'honneur
de Dieu et les dogmes de la religion, que
contre le respect qui est dû au prince, contre
les maximes fondamentales de l'Etat et contre
les bonnes mœurs (*Instit. au Droit Ecclés.*
p. 316). «Comment les rois servent-ils le Sei-
gneur dans la crainte, demande St Augustin,
sinon en interdisant et en punissant, même
avec une religieuse sévérité, ce qui se fait
contre ses ordres ? »

L'Eglise est, à la vérité, une mère tendre et
compatissante, qui ne demande pas la mort du
pécheur : elle désire avec ardeur qu'il vive et
qu'il se convertisse ; c'est le but de ses travaux ;
c'est l'objet de ses larmes et de ses prières ; mais
sa tendresse a des bornes. Sans cela, pour nous
servir des termes de M. Bossuet, on pourrait
blasphémer sans craindre, à l'exemple de Servet ;
nier la divinité de Jésus-Christ ; préférer la doctrine des mahométans à celle des chrétiens : on
appellerait heureuse la contrée où l'hérétique est
en repos aussi bien que l'orthodoxe, où l'on
conserve les vipères comme les colombes, où
ceux qui composent les poisons jouissent de la

même tranquillité que ceux qui préparent les remèdes. On perce la langue à ceux qui blasphèment par emportement, et on se garderait de toucher à ceux qui le font par maximes et par dogme. Eh! quelle nation voudrait accorder ce privilège au blasphème, et voir tranquillement l'impiété lever l'étendard au milieu des peuples? Quand on ose élever sa voix contre Dieu, on méconnaît bientôt ceux qui, sur la terre, en sont les images, nos auteurs philosophes en sont la triste preuve; ils ont également attaqué la Divinité et le gouvernement, et ils ont prouvé aux souverains de la terre, par leurs écrits séditieux, qu'ils ne sont pas moins les ennemis de Dieu, que ceux des rois.

SECOND PRINCIPE. *Il y a un temps pour écrire, comme il y a un temps pour retenir sa plume.*

Il serait injuste de trouver à redire qu'un homme d'esprit écrive; mais il y a un temps pour le faire.

1. Quand on a un fonds suffisant de doctrine; quand l'esprit est plein de sa matière, quand on est bien instruit, avant que d'entreprendre d'instruire les autres. On rirait d'un homme, qui, sans provisions, s'embarquerait pour un voyage de long cours. Le contretemps

d'un auteur qui, dépourvu de tout, entreprend de traiter un sujet, n'est pas moins ridicule.

2. Il faut écrire, quand l'âme est dans une situation propre à le faire. Le trouble, la colère, l'inquiétude, la chagrin, toutes les passions froides ou ardentes, glacent l'esprit, ou l'emportent trop loin ; de là tant d'ouvrages fades ou trop satiriques, c'est l'affaire d'un homme qui se possède tout entier, qu'un livre bien écrit.

3. Quand la religion, l'Etat, l'honneur, ou quelque intérêt considérable sont attaqués, c'est souvent un temps d'écrire. Les lois divines et humaines le permettent et l'ordonnent, mais à ceux qui ont reçu les talents propres à leur défense, qui ont les lumières nécessaires, ceux qui n'ont qu'une bonne volonté et du zèle, sans les lumières propres, doivent avoir assez d'humilité pour ne point se mettre au rang des écrivains.

TROISIÈME PRINCIPE. *Le temps d'écrire n'est pas toujours le premier dans l'ordre ; et on ne sait jamais bien écrire, si l'on n'a su auparavant retenir sa plume.*

Ce principe est une suite naturelle du précédent : c'est dans le temps du silence et de l'étude, qu'il faut se préparer à écrire ; il est des livres précoces comme des fruits. Pourquoi

vous avancez-vous si fort ? Pourquoi vous préci-
pitez-vous, emporté par la passion d'être auteur ?
Attendez, vous saurez écrire, quand vous aurez
su vous taire et bien penser.

QUATRIÈME PRINCIPE. *Il n'y a pas moins de
faiblesse ou d'imprudence à retenir sa plume, quand
on est obligé d'écrire, qu'il y a de légèreté et d'indiscrétion à écrire, quand on doit retenir sa plume.*
Il faut appliquer cette maxime dans les
occasions importantes. Manquez ces occasions,
votre silence et votre tranquillité auront des
suites fâcheuses. L'ennemi s'en prévaudra,
l'honneur, l'Etat et la religion en souffriront ;
mais soyez attentifs à bien distinguer ces
grandes conjonctures où il faut écrire, d'avec
celles qui ne le méritent pas et où il y a de
l'imprudence à le faire. Ce discernement est
l'effet d'un jugement sain et d'une expérience
éclairée. Un auteur a, plus que personne, besoin
de conseil et d'amis sincères.

CINQUIÈME PRINCIPE. *Il est certain qu'à
prendre les choses en général, on risque moins en retenant sa plume qu'en écrivant.*
Je dis, *à prendre les choses en général,* car il est
des occasions particulières qu'il faut en excep-

ter, comme je viens de le dire. A cela près, que risquera-t-on en retenant sa plume ? quelque satisfaction d'avoir écrit ; quelque réputation passagère et exposée au caprice d'un lecteur ; quelques moments d'occupation, qui ont aidé à passer plus agréablement le temps. Encore faut-il, pour risquer véritablement de perdre ces avantages, qu'on écrive avec succès. Sans cela, le chagrin et le mépris sont la destinée des auteurs.

Un homme sage et capable d'écrire, interrogé quand il prendrait donc la résolution de faire un livre ? « Ce sera, répondit-il, quand je m'ennuierai de faire autre chose, et que je n'aurai plus rien à perdre. » Je laisse aux écrivains empressés le soin de développer tout le sens de cette réponse.

SIXIÈME PRINCIPE. *Jamais l'homme ne se possède plus que dans son application à retenir sa plume; sans cette précaution, il écrit trop et il se répand, pour ainsi dire, au-dehors de lui-même; de sorte qu'il est moins à soi qu'aux autres.*

Cette réflexion est une des plus importantes pour les savants qui écrivent ; rien ne leur est d'une nécessité égale à celle de se posséder, et de n'être pas prodigues d'eux-mêmes à l'égard

du public. Il faut du sang-froid et de la pré-
sence d'esprit pour écrire. On en manque,
lorsqu'on s'avance trop ; mille choses échappent, qu'il fallait retenir, et le public les relève.
Tel auteur a échoué aux derniers volumes de ses
ouvrages, qui avait mérité par les premiers, une
approbation dont il avait sujet d'être content.
Il s'est égaré en voulant trop étendre son sujet,
il s'est perdu.

SEPTIÈME PRINCIPE. *Quand on a quelque chose*
d'important à écrire, on doit y faire une attention
particulière. Il faut y penser souvent, et après ces
réflexions, y penser tout de nouveau, pour n'avoir
point sujet de se repentir, lorsqu'on n'est plus maître
de retenir ce qui est écrit.

Il y a longtemps qu'on l'a dit : « Ce qui est
écrit, demeure écrit ». Les paroles passent, on
les tourne, on les change, on les adoucit ; mais
l'écriture ne souffre point de pareilles altéra-
tions. Le terme injurieux dans un livre, est toujours une injure ; l'expression indécente est une
infamie ; et la doctrine erronée d'un écrit est la
marque d'un auteur dangereux, quelque sens
détourné qu'il emploie pour en déguiser la
malignité. L'attention doit donc être extrême, à
ne rien écrire qui n'ait été sagement médité.

On est le maître de penser; on ne l'est plus des pensées écrites et abandonnées au lecteur.

HUITIÈME PRINCIPE. *S'il s'agit du secret, on ne doit jamais l'écrire: la réserve, en cette matière, n'a point d'excès à craindre.*

Il suffit de connaître la nature du secret, pour juger qu'il n'y a point d'exagération dans cette maxime. A peine le secret est-il assez caché dans l'âme de celui à qui on le confie. Que serait-ce donc, si on était assez indiscret pour le répandre dans un ouvrage?

NEUVIÈME PRINCIPE. *La réserve qui est néces-saire pour retenir sa plume, n'est pas une moindre vertu que l'habileté et l'attention à bien écrire; et il n'y a pas plus de mérite à expliquer ce qu'on sait, qu'à bien taire ce qu'on ignore.*

Rien de plus aisé, en apparence, que de ces-ser d'agir, l'action, au contraire, a ses peines et ses embarras. Ecrire bien paraît donc une entre-prise plus difficile que de ne rien écrire, je l'avoue; mais ne rien écrire et retenir sa plume par sagesse, par réserve, par précaution, c'est une violence pour plus d'un auteur. Ce pen-chant les porte à écrire; c'est un poids qui les entraîne. C'est donc gagner beaucoup sur soi, que de s'arrêter dans ce penchant et de sacrifier à propos l'amour-propre à la prudence.

J'ai ajouté qu'il n'y a pas plus de mérite à expliquer ce qu'on sait, qu'à bien taire ce qu'on ignore. Le premier est naturel ; on parle, on écrit volontiers sur ce que l'on sait ; c'est un mérite commun. L'autre est plus rare, on n'aime pas la réserve, qui pourrait faire soupçonner de l'ignorance ; quelquefois on écrit ce qu'on sait et ce qu'on ne sait pas assez avec une égale présomption, pour paraître avoir quelque habileté. C'est donc un mérite, que de bien taire ce qu'on ignore.

DIXIÈME PRINCIPE. *La réserve à écrire tient quelquefois lieu de sagesse à un sot, et de capacité à un ignorant.*

Un ignorant qui sait se borner, écrit peu, ou n'écrit point, ce qui est encore mieux. Par là, il jouit d'une espèce de réputation heureuse qu'il ne mérite pas, et qu'il détruirait en écrivant davantage. « Il est sage, dit-on, il a un bon sens, pense beaucoup et s'explique peu. » On le dit, plusieurs le pensent, au moins ceux qui ne connaissent cet homme que par la réserve. En tout cas, le parti qu'il prend est le meilleur. Car selon la maxime qui suit :

ONZIÈME PRINCIPE. *Si on est porté à croire qu'un homme qui n'écrit pas manque de talents, et qu'un autre qui accable d'écrits le public est un fou, il vaut encore mieux passer pour manquer de talents, en n'écrivant pas, que pour un fou, en s'abandonnant à la passion de trop écrire.*

La réputation de folie est odieuse ; il n'y a que ceux qui en font un ridicule métier, ou qui sont fous sans le savoir, qui puissent s'en accommoder. La réputation d'un homme à talents médiocres est plus commode, on n'attend rien de son esprit ; pour peu qu'il donne, on lui en sait gré ; s'il ne donne rien, on ne lui en fait pas de reproche ; on n'en doit rien attendre.

DOUZIÈME PRINCIPE. *Quelque penchant qu'on ait à retenir sa plume, on doit toujours se méfier de soi-même ; et pour s'empêcher d'écrire une chose, il suffit qu'on ait trop de passion pour l'écrire.*

Je l'ai déjà dit : l'homme doit se posséder pour écrire d'une manière raisonnable ; mais ce n'est pas dans le temps où la passion parle que l'homme se possède. Trop d'envie d'écrire une chose n'est pas toujours une passion répréhensible, mais ce doit toujours être un temps suspect à un écrivain sage et discret. Cet empressement est du moins un commencement de passion ; quelques réflexions sur ce qu'on veut écrire, et sur la manière dont on le veut, ne gâtent rien. C'est un remède aisé : il ne faut qu'un retour d'esprit, qu'une pensée, pour calmer et rectifier un premier mouvement.

J'ajouterai deux réflexions particulières. La première, est que les principes et les maximes rapportés pour apprendre à faire un bon usage de la plume, étant un fonds abondant d'instructions, chaque auteur doit en faire une application utile à ses ouvrages, pour se critiquer soi-même, s'il *écrit mal,* s'il *écrit trop,* ou s'il *n'écrit pas assez.* J'en ai passé à dessein sous silence, qui se sont présentés à moi, en écrivant ces remarques ; ou plutôt, leurs livres m'en ont rappelé le souvenir, car les écrivains n'osent pas toujours paraître. Il arrive souvent que sans nom, sans aveu, sans marque, ni du lieu où ils écrivent, ni du lieu où leurs ouvrages ont été mis au jour, les livres se trouvent entre les mains des lecteurs qui ne les attendaient pas plus qu'on attend ces fruits du crime, exposés à l'aventure par des parents coupables.

Qu'ils s'appliquent donc, ces auteurs criminels et cachés, de même que ceux dont j'ai supprimé le nom, qu'ils s'appliquent ici ce qui leur convient. Je n'exhorte pas moins ceux qui n'écrivent pas assez, à remplir leurs devoirs avec autant de prudence que d'utilité pour le public.

Seconde réflexion : tout ce que j'ai exposé dans l'article des écrivains est d'une importance singulière par rapport à la religion ; c'est une matière sur laquelle on n'écrit pas sans conséquence. Un mot, une lettre mal tournés, retranchés, ou ajoutés, font naître des erreurs, des schismes, des hérésies, qu'on ne peut éteindre ensuite qu'avec des soins et des peines infinies. Que serait-ce donc, si on remplissait le monde d'écrits pernicieux, et si on négligeait d'y en faire paraître d'utiles ? Les premiers sont un poison dangereux ; ceux-ci en sont le remède. Si le poison dominait, la religion ne serait-elle pas détruite, et le monde corrompu sans ressource ? Appliquez-y le remède, l'un et l'autre seront conservés.

Les hommes sensés et prudents conviendront, sans doute, de la vérité des principes établis dans cet ouvrage ; nos philosophes modernes en conviendront-ils également ? Nous le désirons ardemment pour la gloire de la religion, la tranquillité de l'Etat, le bien de la société et la pureté des mœurs.

TABLE

Achevé d'imprimer sur les presses de l'Imprimerie LITOSPLAI, S.A.
Polígon Industrial Sector V, C. de la Ribera del Congost, 38A
08520 Les Franqueses del Vallès
Dépôt légal: Avril 2004
Imprimé en Catalogne